Shanzhai 山寨

Dados Internacionais de Catalogação na Publicação (CIP)
(Câmara Brasileira do Livro, SP, Brasil)

Han, Byung-Chul
  Shanzhai 山寨: Desconstrução em chinês / Byung-Chul Han ; tradução de Daniel Guilhermino. – Petrópolis: Vozes, 2023.

  Título original: Shanzhai 山寨 – Dekonstruktion auf Chinesisch

  1ª reimpressão, 2024.

  ISBN 978-65-5713-809-0

  1. Filosofia I. Título.

23-147718   CDD-100

Índices para catálogo sistemático:
1. Filosofia   100
Aline Graziele Benitez – Bibliotecária – CRB-1/3129

BYUNG-CHUL HAN
Shanzhai 山寨
Desconstrução em chinês

Tradução de Daniel Guilhermino

EDITORA
VOZES

Petrópolis

© 2011 Merve Verlag Berlin

Tradução do original em alemão intitulado *Shanzhai* 山寨 – *Dekonstruktion auf Chinesisch*

Direitos de publicação em língua portuguesa – Brasil:
2023, Editora Vozes Ltda.
Rua Frei Luís, 100
25689-900 Petrópolis, RJ
www.vozes.com.br
Brasil

Todos os direitos reservados. Nenhuma parte desta obra poderá ser reproduzida ou transmitida por qualquer forma e/ou quaisquer meios (eletrônico ou mecânico, incluindo fotocópia e gravação) ou arquivada em qualquer sistema ou banco de dados sem permissão escrita da editora.

CONSELHO EDITORIAL

Diretor
Volney J. Berkenbrock

Editores
Aline dos Santos Carneiro
Edrian Josué Pasini
Marilac Loraine Oleniki
Welder Lancieri Marchini

Conselheiros
Elói Dionísio Piva
Francisco Morás
Gilberto Gonçalves Garcia
Ludovico Garmus
Teobaldo Heidemann

Secretário executivo
Leonardo A.R.T. dos Santos

Editoração: Fernando Sergio Olivetti da Rocha
Diagramação: Sheilandre Desenv. Gráfico
Revisão gráfica: Barbara Kreisher
Capa: Editora Vozes

ISBN 978-65-5713-809-0 (Brasil)
ISBN 978-3-88396-294-8 (Alemanha)

Este livro foi composto e impresso pela Editora Vozes Ltda.

Sumário

Quan: Direito, 7

Zhenji: Original, 19

Xian Zhan: Selo do ócio, 47

Fuzhi: Cópia, 67

Shanzhai: *Fake*, 83

Lista das ilustrações, 97

Quan: Direito

權

Uma tendência inata a mentir é atribuída aos chineses por ninguém menos que Hegel. Ele os acusa de uma "imensa imoralidade". Não haveria honra alguma na China. Os chineses seriam "conhecidos por enganarem onde quer que possam"[1]. Hegel se surpreende que ninguém leve isso a mal, mesmo quando o golpe é descoberto. Os chineses agem "de forma tão astuta e pérfida", prossegue Hegel, que os europeus precisam realmente ficar muito atentos quando em contato com eles. Obviamente, Hegel não consegue encontrar uma explicação lógica para a "consciência da vileza moral". Por isso, remete-a ao budismo, que compreendia "o nada como o supremo, e o absoluto como Deus", e o "desprezo pelo indivíduo como a mais elevada perfeição". Hegel supõe, portanto, um nada niilista na negatividade do *vazio* budista. Seria isso o responsá-

---

1 HEGEL, G.W.F. *Filosofia da história.* 2. ed., reimpressão. Brasília: Editora Universidade de Brasília, 2008, p. 116.

vel pela "imensa imoralidade" dos chineses. O nada niilista, assim pensa explicitamente Hegel, não permite nenhum vínculo, nenhuma finalidade, nenhuma constância. O nada niilista se opõe a qualquer Deus que represente a verdade e a autenticidade.

No budismo chinês, o vazio designa, na verdade, a negatividade da *des-criação* e da *ausência*[2]. Ela esvazia e des-substancializa o *ser*. A essência (*ousia*) é o permanente[3], é o que está subjacente[4] a todas as mudanças e transforma-

---

2 *Ent-schöpfung* e *Ab-Wesen*, respectivamente, em alemão. Os prefixos "ent" e "ab" designam subtração, perda (equivalente ao "des" ou "a" em português). Aqui, formam o neologismo "des-criação", no primeiro caso, e a palavra "ausência", no segundo, esta última sendo a conjunção do prefixo "ab" com "essência" (Wesen) [N.T].

3 Kant também define a substância a partir da permanência: "Todas as aparições contêm o permanente (substância) como o próprio objeto e o mutável como sua mera determinação, ou seja, como um modo pelo qual o objeto existe" (KANT, I. *Kritik der reinen Vernuft*. Akademie Ausgabe, vol. 4, p. 124).

4 O verbo *substare* (literalmente: estar por baixo), ao qual remete o conceito de "substância", significa, entre outras coisas, conservar. *Stare* também é usado no sentido de se segurar, de se afirmar, de se manter firme. A substância é o idêntico, é o que é distinto dos outros se mantendo igual a si mesmo. A substancialidade não é, portanto, nada mais do que estabilidade e permanência. Também a *hipóstase*

ções como o *idêntico*. A crença na imutabilidade e na constância substancial determina a concepção ocidental tanto da subjetividade moral quanto da objetividade normativa. O pensamento chinês, ao contrário, é desconstrutivista desde o início, na medida em que rompe radicalmente com o ser e a essência. O *Tao* (literalmente: caminho) também apresenta a contrafigura ao *ser* ou *essência*. O Tao se ajusta à mudança, enquanto a essência resiste à transformação. A negatividade da *des-criação* e da *ausência* esvazia o *ser* no *processo*, ou *caminho*, que não tem início nem fim.

O processo, com suas incessantes mudanças, também domina a consciência chinesa do tempo e da história. Assim, a mudança não se realiza de maneira eventual ou eruptiva, mas de forma discreta, imperceptível e contínua. Uma criação que ocorresse em um ponto absoluto e único seria impensável. A descontinuidade caracteriza o tempo repleto de acontecimentos. O acontecimento marca uma ruptura que

---

significa, além de fundamento ou essência, constância e firmeza, que heroicamente re-*siste* [wider-*steht*] a todas as mudanças.

racha a continuidade da mudança. Rupturas ou revoluções, no entanto, são estranhas para a consciência chinesa do tempo. É por isso que o pensamento chinês não tem acesso às *ruínas*. Não conhece a identidade que se baseia em um acontecimento único[5]. Nesse sentido, ele não admite a ideia do original, pois a originalidade pressupõe o início em sentido estrito. Não é a criação com um início absoluto, mas o processo contínuo sem início nem fim, sem nascimento nem morte, que determina o pensamento chinês. Por essa razão, a ênfase na morte como em Heidegger e a ênfase no nascimento como em Hannah Arendt[6] não surgem no pensamento do Extremo Oriente.

---

5 O acontecimento pode ser compreendido como um construto imaginário que desvanece o prévio a partir do qual se *tornou* e se estabelece como o início absoluto.

6 Cf. ARENDT, H. *A condição humana*. Rio de Janeiro: Forense Universitária, 2007, p. 259: "O 'milagre' [...] é o nascimento de novos seres humanos e o novo começo, a ação de que são capazes em virtude de terem nascido. [...] Esta fé e esta esperança no mundo talvez nunca tenham sido expressas de modo tão sucinto e glorioso como nas breves palavras com as quais os evangelhos anunciaram a 'boa-nova': 'Nasceu uma criança entre nós'". Para Heidegger, o ser para a morte traz consigo o isolamento heroico e a resolução para *si*.

O ser se des-substancializa e se torna um caminho. Heidegger também usa com frequência a figura do caminho. Mas seu caminho difere fundamentalmente do caminho taoista, pois ele não *trans*-corre, mas se *a*-profunda. Os famosos "Caminhos da floresta" heideggerianos são caminhos que, segundo Heidegger, "geralmente se entrelaçam e cessam abruptamente no não trilhado". O caminho chinês, por outro lado, transcorre de modo *plano*, mudando constantemente seu curso sem cessar "abruptamente", sem aprofundar no "não trilhado" ou aproximar-se do "mistério". Nem o abrupto nem o profundo são característicos do pensamento chinês.

A inacessibilidade ou o intransitável é chamado de *adyton* em grego antigo. O *adyton* se refere ao espaço interior do antigo templo grego, que era completamente fechado por fora, e designa o local em que se encontrava o santuário. A separação, a cesura radical, distingue o sagrado. O pensamento do Extremo Oriente é estranho ao fechamento sem janelas, à profundidade inacessível ou à interioridade. Uma característica do templo budista é precisamente sua permeabilidade ou abertura total. Alguns templos consistem quase só de portas e janelas que nada fecham. Não há nenhum *adyton* no pensamento chinês. Nada se separa, nada se fecha. Nada é ab-soluto, ou seja, desprendido e separado para si. O original seria uma variedade desta separação e deste isolamento. Pode-se também dizer que o *adyton* co-constitui a originalidade e originariedade.

O pensamento chinês é *pragmático* em um sentido especial. Não rastreia a essência ou origem, mas as constelações mutáveis das coisas (*pragmata*). Trata-se de reconhecer o transcurso mutável das coisas a fim de acessá-la de acordo com a situação e dela se beneficiar. O pensamento chinês desconfia de entidades ou princípios fixos, essenciais ou imutáveis. Para Hegel, esta flexibilidade ou adaptabilidade, que remonta à ausência de essência, ao vazio, mostra-se como astúcia, hipocrisia ou imoralidade.

Ren quan (人權) é a tradução chinesa para direitos humanos. O símbolo *quan* possui uma gama de significados que confere um caráter especial à ideia chinesa de direito. Falta-lhe qualquer ideia de finalidade, de absoluto ou de imutabilidade. Originariamente, *quan* se referia ao peso que se desloca em uma balança de um lado para outro. Portanto, *quan* significa, primeiramente, *pesar* e *sopesar*. Não possui posição fixa e final. Antes, é *móvel, deslocável e provisório*, como o peso deslizável na balança. Dependendo do peso do lado oposto, muda sua posição para criar um *equilíbrio*. Enquanto direito, é compensatório, não excluindo nem segregando. A exclusividade lhe é estranha. O pensamento chinês também conhece a regularidade das normas convencionais (*jing*, 經)[7], mas ao mesmo tempo é fortemente caracterizado pela consciência da constante mudança. O seguinte ditado provém de Zhuxi: "Normalmente, segue-se a regra da convenção, mas, no caso de mudanças, faz-se uso do

---

7 François Jullien ofusca sobremaneira a dimensão do *jing* do pensamento chinês. A ideia da des-criação também determina o *jing*. É muito interessante que Confúcio, por exemplo, nega a autoria de seu ensino. Ele não é um criador, mas um médium. Ele transmite o que já *foi*: "Eu entrego excessivamente ao invés de criar. Eu acredito no antigo e o amo" (Lunyu 7.1).

quan" (*Chang ze shou jing, bian zu cong quan,*
常則守經, 變則用權)[8].

Quan se refere à capacidade de se adaptar
e se beneficiar da mudança das circunstâncias. Assim, *quan yi zhi ji* (權宜之計) significa um proceder tático e hábil. *Quan* designa
muito mais o potencial inerente a uma situação do que um conjunto de regras que permanecem idênticas independentemente do
local ou da situação. No contexto de *quan*,
nada é definitivo. Este nível do significado de
quan inscreve necessariamente a relatividade
e a situatividade, tanto na noção chinesa de
direito quanto na de direitos humanos. O poder (權力, *quan li*) também se distingue da
força (力, *li*) na medida em que, ao contrário
desta última, não apresenta uma dimensão
estática, mas constelativa. Aqueles que uti-
lizam e exploram o potencial constelativo e
situacional alcançam o poder. O poder não

---

8 Cf. VON SENGER, H. Strategemische Weisheit. Chinesische
Wörter im Sinnbezirk der List. *Archiv für Begriffsgeschichte*,
vol. 39. Bonn, 1996, p. 27-102, aqui p. 52.

pertence à subjetividade, mas à situatividade; ou seja, depende da situação.

O símbolo *quan* é ainda utilizado tanto no conceito chinês de propriedade intelectual (*zhi shi chan quan*, 知識產權) como no de *copyright* (*zhu zuo quan*, 著作權). Assim, uma relatividade ou provisoriedade está indelevelmente inscrita também nestes conceitos, pelo menos em sua dimensão semântica mais profunda. *Zhi* (智) é o símbolo chinês para a sabedoria. Esse símbolo, que está relacionado ao símbolo de conhecimento (知) utilizado no conceito de propriedade intelectual, significa, além de sapiência, também astúcia, habilidade tática ou proceder estratégico[9]. Assim, a noção chinesa de sabedoria é radicalmente distinta da noção ocidental de verdade ou autenticidade, que se baseia na imutabilidade e permanência. A relatividade e situatividade de *quan* a desconstrói. O pensamento chinês

---

9 Harro von Senger aponta que este nível de significado de *zhi* não é mencionado nos dicionários ocidentais da língua chinesa. Este fato incomum explica por que a compreensão ocidental de sabedoria não permite sua proximidade com astúcia (cf. *Stratagemische Weisheit*. Op. cit.).

substitui a gravidade do *ser* pelo peso deslizável do *quan* e, assim, a *gravitação* é substituída pela *situação*.

Zhenji: Original

真跡

Em uma carta de 6 de dezembro de 1896, Freud escreve a Wilhelm Fliess: "Como você sabe, estou trabalhando com a hipótese de que nosso mecanismo psíquico tenha-se formado por um processo de estratificação: o material presente sob a forma de traços mnêmicos fica sujeito, de tempos em tempos, a um rearranjo, de acordo com as novas circunstâncias – a uma retranscrição. Assim, o que há de essencialmente novo em minha teoria é a tese de que a memória não se faz presente de só uma vez, e sim ao longo de diversas vezes, e que é registrada em vários tipos de indicações"[10]. Assim, as imagens da recordação não são imagens imutáveis daquilo que foi vivenciado. Antes, são produto do complexo trabalho de construção do aparato psíquico. Estão, portanto, sujeitas a mudanças constantes. Novas constelações e relações modificam constante-

---

10 MASSON, J.M. (org.). *A correspondência completa de Sigmund Freud para Wilhelm Fliess: 1887-1904*. Rio de Janeiro: Imago, 1986, p. 208.

mente seu aspecto. O aparato psíquico segue um complexo movimento temporal no qual o posterior também constitui o anterior. Nele, o passado, o presente e o futuro se interpenetram. A teoria da retranscrição de Freud questiona a teoria da reprodução, que pressupõe que as cenas vivenciadas são armazenadas de modo imutável na memória e podem ser recordadas de forma idêntica mesmo após um longo tempo. As recordações não são imagens que sempre permanecem idênticas, mas *traços* que se cruzam e se sobrepõem.

No chinês clássico, o original é chamado *zhen-ji* (真跡). Literalmente, significa "traço autêntico". Trata-se de um traço particular, pois não segue uma trajetória teleológica. E não há nenhuma *promessa* que lhe seja inerente. Também não possui nada de enigmático ou kerigmático. Ademais, não se condensa em uma *presença* uniforme e unívoca. Antes, o traço desconstrói a ideia do original como uma presença e identidade inconfundíveis e imutáveis em repouso[11]. Processualidade

---

11 Derrida também chama o traço que escapa a qualquer marcação em presença e identidade de "différance" (cf. *Randgänge der Philosophie*. Viena, 1988, p. 48). Seu

e diferencialidade lhe conferem uma força centrífuga desconstrutiva. O traço não tolera nenhuma obra de arte acabada e em repouso que possua uma forma definitiva e escape a qualquer transformação. Sua *diferença de si próprio* não permite à obra que chegue a uma paralisação na qual adquirisse sua forma final. Assim, o traço sempre permite que ela *desvie de si própria*. A noção chinesa do original como um traço (ji, 跡) tem a estrutura da noção freudiana de "traço mnêmico", que está sujeito a constante rearranjo e retranscrição. A ideia chinesa do original não é determinada por uma criação única, mas por um processo infindável; não por uma identidade final, mas por transformação constante. A mudança, entretanto, não ocorre no interior da *alma* de uma subjetividade artística. O traço apaga essa subjetividade em favor de um processo que não permite a posição essencialista.

---

conceito de traço também carece de qualquer dimensão teleológica ou teológica. Nisso também difere da figura heideggeriana do "traço", que, como uma "promessa quase inaudível", anuncia uma "libertação na abertura", "ora obscura e confusa, ora iluminada como uma visada repentina" (*Unterwegs zur Sprache*. Pfulligen, 1959, p. 137).

O Extremo Oriente não conhece qualquer dimensão pré-desconstrutiva, tais como a do original, do originário ou da identidade. Antes, o pensamento do Extremo Oriente *tem início com* a desconstrução. O ser como conceito fundamental do pensamento ocidental é algo que é igual a si próprio, que não admite qualquer reprodução fora de si. A proibição da mimesis por Platão surge precisamente dessa concepção de ser. Segundo Platão, o belo ou o bom são imutáveis e só se assemelham a si próprios. São "uniformes" (*monoeides*). Não permitem, portanto, qualquer desvio. Essa concepção de ser vê algo de demoníaco em toda reprodução na medida em que ela destrói a identidade e pureza originárias. Na Ideia platônica, a concepção do original já é predeterminada. Toda reprodução tem uma *carência de ser*. A figura fundamental do pensamento chinês, por outro lado, não é o ser uniforme e único, mas o *processo* multiforme e de multicamadas.

Uma obra-prima chinesa nunca permanece idêntica. Quanto mais ela é reverenciada, mais sua aparência se altera. Ela é regularmente sobrescrita por especialistas e colecionadores. Estes se inscrevem na obra com marcas e selos. Dessa forma, as inscrições são sobrepostas, assim como naquele aparato psíquico com traços mnêmicos. A própria obra está sujeita a mudanças contínuas, a uma permanente reescrita. Ela não *repousa* em si. Ao contrário, é *fluida*. O *traço* a liquefaz. Ela se opõe à *presença*. A obra se esvazia e se torna um lugar generativo e comunicativo de inscrições[12]. Quanto mais famosa é uma obra, mais inscrições ela possui. Ela se apresenta como um palimpsesto.

---

12 Não apenas o histórico da recepção, mas também outros fatores estão envolvidos na mudança permanente do original: "mudanças de formato durante a remontagem, corte devido a danos materiais, considerações estéticas ou mesmo comerciais, retoque ou subsequente adição de assinaturas de trabalho sobre a forma da obra ao longo do tempo. Em casos extremos, aplica-se a uma pintura chinesa a metáfora do navio que só retorna ao seu porto de origem após gerações, tendo gradualmente substituído todas as suas peças durante os reparos ao longo do caminho. Seria ainda o mesmo navio? A tripulação é diferente, os habitantes da cidade natal são diferentes, e não há planos de construção que possam esclarecer se, quando as peças forem substituídas, pelo menos a forma originária do navio será preservada" (UNVERZAGT, C. *Der Wandlungsleib des Dong Yuan – Die Geschichte eines malerischen Œuvres*. Stuttgart 2007, p. 184).

Ni Zan. *Moradia de água e bambu.*

Não apenas obras individuais, mas também todo o conjunto da obra de um artista está sujeito à mudança. Seu *corpus* se modifica constantemente, aumentando e diminuindo. Novas imagens lhe são repentinamente atribuídas, e imagens ora consideradas parte do conjunto da obra de um mestre desaparecem. Assim, a obra do famoso Mestre Dong Yuan tem um aspecto diferente na Dinastia Ming do que na Dinastia Song. Resulta que mesmo falsificações ou recriações definem a imagem de um mestre. Ocorre uma inversão temporal. O subsequente ou o posterior determinam a origem, desconstruindo-a. A obra é um grande espaço vazio ou em construção que está sempre se preenchendo por novos conteúdos, novas imagens. Também se poderia dizer: *quanto maior é um mestre, mais vazia é sua obra.* Ela é um significante sem identidade, sempre carregada com uma nova significância. A origem prova ser uma *construção posterior*[13].

---

13 Mesmo a pretensão à verdade, que é estranha aos chineses, não é capaz de definir claramente a obra de um mestre. O catálogo de obras de Rembrandt de Wilhelm Valentiner (1921) inclui 711 pinturas. Bredius (1935) lista 630 pinturas. Trinta anos mais tarde, Horst Gerson (1968) lista 630 pinturas como autênticas. O *corpus* Rembrandt do Projeto de Pesquisa Rembrandt, que afirma também excluir da sua

Adorno também compreende a obra de arte não como uma estrutura formal estática, rígida e imutável, mas como algo espiritualmente vivo e capaz de mudar. Isto é o que ele escreve sobre Wagner: "O que mudou em Wagner, entretanto, não é apenas seu efeito, mas a própria obra em si. As obras de arte como algo espiritual não são acabadas em si. Elas formam um campo de tensão de todas as intenções e forças possíveis, das tendências internas e opostas [...]. Objetivamente, novas camadas sempre se desprendem e delas surgem; outras ficam indiferentes e morrem. A verdadeira relação com uma obra de arte não é que nós a adaptamos, como se diz, para inseri-la a uma nova situação. Antes, deciframos na própria obra aquilo a que reagimos de maneira historicamente diferente"[14]. Aqui, a obra de arte é representada como um ser vivo que cresce, muda sua pele e se transforma. A mudança, entretanto, não está fundamentada na "situação" *externa*, mas na *essência interior*

---

obra os quadros de seus colaboradores, lista cerca de 300 obras. Mesmo a análise estilística meticulosa dos chamados eruditos ou especialistas não está isenta de arbitrariedade.

14 ADORNO, T.W. Wagners Aktualität. *Musikalische Schfriften I-III*. Frankfurt a. M., 1978, p. 543-564; aqui, p. 546.

subjacente à obra. Adorno se distancia explicitamente da modificação do *idêntico* que, esta sim, é devida a uma situação. Segundo Adorno, a obra de arte também seria um corpo de mudança que, no entanto, não está *sujeito* à mudança, mas se modifica a partir de *si mesmo*. A riqueza *interior* e a profundidade *interior* da obra a tornam viva e capaz de mudar. A inesgotável *plenitude* e a insondável profundidade a distinguem. Elas a *animam* até convertê-la em um organismo vivo. Sua riqueza se desdobra independentemente da situação. A obra de arte chinesa, por outro lado, é *vazia* e *plana*. É sem alma e sem verdade. O vazio des-substancializante abre-a para inscrições e transcrições. A obra de um mestre chinês também é capaz de mudar porque está *vazia* em si mesma. Não é a interioridade da essência, mas a exterioridade da tradição ou da situação que impulsiona a mudança.

Não apenas o estilo, mas também o tema de um mestre muda permanentemente. Cada época cria uma imagem diferente dele. Assim, pode muito bem acontecer que os verdadeiros originais do mestre sejam removidos de sua obra, enquanto as falsificações que correspondem ao gosto da época sejam nela incluídas e sejam consideradas relevantes do ponto de vista histórico e artístico. Nesse caso, as falsificações têm um valor artístico-histórico mais elevado do que os originais reais. Na verdade, elas são mais originais do que os originais. A preferência estética e o gosto predominante de uma época influencia a obra de um mestre. Imagens com temas que não são contemporâneos caem no esquecimento, enquanto aquelas com temas populares proliferam. Se, por exemplo, uma época é marcada pela tradição, então pinturas com motivos tradicionais aparecem com mais frequência na obra de Dong Yuan. As transformações silenciosas de sua obra seguem necessidades distintas da época. Na Dinastia Ming, por exemplo, na qual os comerciantes desempenham um papel importante para a arte como mecenas, um novo motivo repentinamente surge nas pinturas de Dong Yuan, a saber, os vendedores[15]. Falsificações e recriações estão permanentemente trabalhando em favor dessa transformação.

Na antiga prática artística chinesa, o aprendizado se dá explicitamente através da cópia[16].

---

15 Cf. ibid., p. 128.

16 Cf. FONG, W. The Problem of Forgeries in Chinese Painting. *Artibus Asiae*. Vol. 25 (1962), p. 100: "O fato é que a

A cópia também é considerada um sinal de respeito pelo mestre. Um trabalho é estudado, elogiado e admirado quando copiado. Copiar é louvar. Com efeito, trata-se de uma prática que também não é desconhecida na arte europeia. A cópia de Gauguin por Manet parece ser uma declaração de amor. As imitações de Hiroshige por Van Gogh expressam admiração. Como é bem sabido, Cézanne frequentemente ia ao Louvre para copiar os antigos mestres. Delacroix já lamentava que a prática da cópia, que tinha sido uma fonte inesgotável e indispensável de conhecimento para antigos mestres como Rafael, Dürer ou Rubens, estivesse sendo cada vez mais negligenciada. O culto à originalidade empurra para segundo plano a prática que é essencial ao processo de criação. Na verdade, a criação não é um *acontecimento* pontual, mas um *processo* lento que

---

tradição secular de aprender a arte de pintar através da cópia na China fez de cada pintor chinês um falsificador em potencial, e é bem conhecido que alguns dos grandes pintores e especialistas chineses eram, ou dizia-se ser, mestres 'falsificadores'. De acordo com Chao Hsi-ku (início do século XIII), Mi Fu tinha o hábito de tirar proveito de sua preeminência como especialista, substituindo importantes obras-primas, que lhe eram trazidas para 'autenticação', por cópias exatas".

requer um longo e intenso engajamento com o *que já foi* a fim de *criar* a partir dele. Criação é, nesse sentido, primariamente o ato de criar. O construto do original escamoteia o que já foi, o anterior a partir do qual ele é *criado*.

Édouard Manet. *Olympia*.

Cópia de Paul Gauguin.

Hiroshige. *Jardim de ameixas em Kameido*.

Cópia de Van Gogh.

Hiroshige. *Rajada de chuva noturna na grande ponte próximo a Atake*.

Cópia de Van Gogh.

Eugène Delacroix. *Medeia prestes a matar seus filhos* (1838).

Cópia de Paul Cézanne.

Não era de pouca importância para a carreira de um pintor na China lançar uma falsificação de um antigo mestre na coleção de algum conhecido especialista. Aquele que conseguisse realizar tal falsificação do mestre recebia alto reconhecimento, pois tinha assim demonstrado sua habilidade. O especialista que autenticava a falsificação acabava por igualar a cópia do falsificador ao original do mestre. Chang Dai-chien, o pintor chinês mais famoso do século XX, realizou uma ruptura quando um conhecido colecionador trocou um original de um antigo mestre por sua falsificação. Em termos de conhecimento, não há diferença essencial entre os falsificadores e os especialistas. Uma competição, um "duelo de conhecimento"[17], desenrola-se entre eles, em que o que está em questão é quem possui mais conhecimento íntimo da arte do mestre. Se um falsificador toma emprestado um quadro de um colecionador e, ao devolvê-lo, entrega uma cópia em vez do original sem ser notado,

---

17 UNVERZAGT, C. *Der Wandlungsleib*. Op.cit., p. 199.

então não se trata de fraude, mas de justiça[18]. A regra do jogo aqui é: cada um tem o quadro que merece. Não é o poder aquisitivo, mas o conhecimento por si só o que determina a legitimidade da propriedade. Trata-se de uma prática incomum da China antiga que poria um fim às especulações de hoje com a arte.

No filme *Verdades e mentiras* de Orson Welles, Elmyr de Hory comenta sobre Matisse enquanto falsifica um quadro na frente da câmera: "Muitos desses quadros são bem fracos. Matisse nunca foi tão confiante em seus

---

18 Cf. FONG, W. *The Problem of Forgeries*. Op. cit., p. 99: "Deve-se notar que a falsificação da arte na China nunca teve conotações muito obscuras como no Ocidente. Como o objetivo do estudo da arte sempre foi o cultivo estético ou o puro deleite, ao invés do conhecimento científico, a aquisição de uma obra-prima genuína – e, pela mesma razão, a capacidade de criar uma falsificação perfeita – era uma questão de virtuosidade e orgulho. Os problemas legais ou éticos de uma 'transação comercial honesta' nunca entraram em cena. Com efeito, foi justamente por razões éticas muito boas e razões de fato ainda melhores que o proprietário de uma falsificação era normalmente preservado, na medida do possível, de conhecer a verdade. A verdade científica certamente não tinha nenhuma relação imediata com a apreciação da arte. Se alguém é crédulo o suficiente para comprar, assim como para ter prazer com as falsificações, por que estragar as ilusões do pobre homem?"

traços, eu acho. Ele sempre traçava parte por parte de forma muito hesitante. E sempre adicionava algo a mais, mais e mais. Ele não traçava sua linha com a mesma fluência, calma e confiança que eu. Tive que hesitar para que se parecesse mais com Matisse". Elmyr pinta, portanto, deliberadamente mal para que sua falsificação se pareça mais com o original. Dessa forma, ele inverte a relação convencional entre mestre e falsificador: o falsificador pinta melhor que o mestre. Mas também se poderia dizer que uma cópia de Matisse por

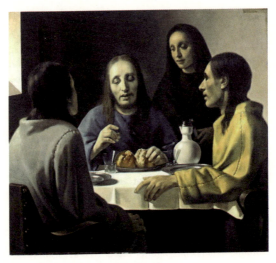

Han van Meegeren. *A ceia em Emaús*.

Elmyr seria provavelmente mais original que o original se as habilidades de Elmyr, em função de seu conhecimento, eventualmente o aproximasse mais da intenção de Matisse do que o próprio Matisse.

Quando o famoso falsificador de Vermeer, Han van Meegeren, apresentou, em Paris, sua recriação livre de *A ceia em Emaús*, a pintura foi declarada autêntica por todos os especialistas em Vermeer que se consideravam infalíveis. Mesmo as análises técnicas não puderam detectar uma falsificação[19]. Em setembro de 1938, o quadro foi apresentado ao público. Os críticos se regozijaram. Van Meegeren foi muito meticuloso em sua falsificação. Estudou documentos antigos para poder recriar os pig-

---

19 Cf. ARNAU, F. *Kunst der Fälscher – Fälscher der Kunst*. Dusseldorf 1964, p. 258. "O octogenário decano entre os historiadores da arte na Holanda, Dr. Abraham Bredius, uma autoridade nas províncias holandesas de pintura, examinou a pintura e a declarou como sendo uma obra de Vermeer. Como precaução, os 'quatro testes de autenticidade', ainda considerados infalíveis à época, também foram realizados: 1) A resistência das cores ao álcool e outros solventes. 2) A detecção de alvaiade nas seções brancas. 3) Exame radiográfico do fundo. 4) Exame microscópico e espectral dos pigmentos mais importantes. Tais testes não encontraram nada que contradissesse a autenticidade da obra".

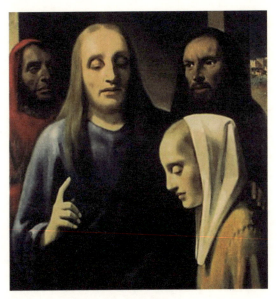

Han van Meegeren. *Cristo e a adúltera.*

mentos de cor originais. Como um alquimista, fez experiências com óleos e solventes. Procurou por pinturas sem valor do século XVII em antiquários para obter telas originais, as quais ele depois limpou completamente de tinta antes de aplicar um novo fundo. Ele passou, então, sete meses pintando o novo Vermeer em estrita reclusão.

Após a guerra, quando foi examinada a coleção de quadros pertencente ao Marechal

Han van Meegeren. *A ceia em Emaús* (declarado original pelos especialistas).

do *Reich* Hermann Göring, foi descoberto um quadro de Vermeer até então desconhecido: *Cristo e a adúltera*. Durante a busca dos holandeses que venderam Vermeer aos nazistas, Han van Meegeren foi preso. No início, ninguém acreditava em sua afirmação de que *Cristo e a adúltera* era sua falsificação. Assim, ele pintou seu último Vermeer sob supervisão: *Jesus entre os doutores*. Durante o julgamento, diz-se que ele afirmou: "Ontem, este quadro

Han van Meegeren pinta seu último Vermeer: *Jesus entre os doutores.*

valia milhões. Especialistas e amantes da arte vinham de todas as partes do mundo para vê-lo. Hoje, ele não vale nada e ninguém sequer atravessaria a rua para vê-lo de graça. Mas o quadro não mudou. O que mudou?"

Enquanto o filho de Van Meegeren ainda alegava, em 1951, que outras obras-primas muito admiradas penduradas nas grandes galerias parisienses eram falsificações de seu pai, Jean Decoen publicou *Retour à la vérité!* [Retorno à verdade!], em que tentou provar a autenticidade do quadro *A ceia em Emaús*. A ideia do original está estruturalmente vincula-da à ideia da verdade. A verdade é uma técnica cultural que contraria a mudança por meio da *exclusão* e da *transcendência*. Os chineses se valem de outra técnica cultural, que opera com *inclusão* e *imanência*. Somente no interior des-ta outra técnica cultural é possível uma relação livre e produtiva com cópias e reproduções.

Se Elmyr e Van Meegeren tivessem nasci-do na Renascença, eles certamente teriam des-frutado de mais reconhecimento. Pelo menos eles não teriam sido processados. A ideia da subjetividade de um artista engenhoso estava apenas germinando. O artista ainda se manti-nha, em grande parte, em segundo plano com relação à obra. O que contava era apenas a ha-bilidade artística, que também podia ser de-monstrada através da produção de falsificação de obras-primas que idealmente delas não di-ferissem. Se um falsificador pintasse tão bem quanto um mestre, então ele era um mestre e não um falsificador. Como é sabido, Miche-langelo também foi um falsificador genial. Ele foi, por assim dizer, um dos últimos chineses da Renascença. Como alguns pintores chineses, ele fez cópias perfeitas de pinturas que tomava emprestadas, devolvendo as cópias no lugar dos originais[20].

Em 1956, uma exposição de obras-primas da arte chinesa foi realizada no Musée Cernuschi, um museu de arte asiática em Paris. Logo se descobriu que os quadros eram, na verdade, falsificações. O delicado é que o falsificador não era outro senão o pintor chinês mais famoso do século XX, Chang Dai-chien, cujas obras estavam em exposição no

---

20 A ideia de gênio e de original é formada por Leonardo da Vinci. Ele eleva o pintor a um gênio criativo e deriva a primazia da pintura sobre outras artes a partir da impossibilidade de se produzir uma cópia exata de uma pintura. Sobre a pintura, escreve: "Não se pode ensinar [a pintura] a quem a natureza não concedeu dom natural, diferentemente das disciplinas matemáticas, nas quais o discípulo aprende tanto quanto o mestre ensina. Não se pode copiá-la assim como se pode copiar nas letras, nas quais a cópia vale tanto quanto o original. A pintura não pode ser reproduzida como a escultura, na qual, no que diz respeito ao mérito da obra, o molde vale tanto quanto o original. Ela não faz infinitos filhinhos, tal como os livros impressos. Somente ela permanece nobre, somente ela honra seu autor e permanece preciosa e única, jamais dando à luz filhinhos iguais a si. E tal singularidade a torna mais excelente do que aquilo que é publicado por toda parte" (BORZELLI, A.; CARABBA, R. (eds.). *Trattato della pittura*. Lanciano, 1924, p. 3).

Musée d'Art Moderne no mesmo período. Ele era considerado o Picasso chinês. Seu encontro com Picasso no mesmo ano foi celebrado como uma reunião de cúpula dos mestres da arte ocidental e oriental. Depois que se tornou conhecido que as antigas obras-primas eram suas falsificações, o mundo ocidental o via apenas como uma fraude. Para o próprio Chang Dai-chien, elas eram tudo, menos falsificações. A maioria desses quadros antigos não era de meras cópias, mas recriações de pinturas que haviam desaparecido e sobrevivido apenas na literatura.

Na China, os colecionadores eram frequentemente os próprios pintores. Chang Dai-chien era também um colecionador apaixonado. Ele possuía mais de 4.000 quadros. Sua coleção não era um arquivo morto, mas uma antologia de antigos mestres, um lugar vivo de comunicação e transformação. Ele mesmo era um corpo de mudança, um artista da metamorfose. Sem esforço, ele se colocava no papel de mestre do passado e criava os originais, por assim dizer: "O gênio de Chang provavelmente garante que algumas de suas falsificações permanecerão indetectáveis por muito tempo. Ao criar pinturas 'antigas' que concordavam com as descrições verbais registradas em catálogos de pinturas perdidas, Chang foi capaz de pintar falsificações que os colecionadores ansiavam por 'descobrir'. Em algumas obras, ele transformava imagens de modo totalmente inesperado; ele poderia reformular uma composição da Dinastia Ming como se fosse uma pintura da Dinastia Song"[21]. Suas pinturas são originais na medida em que continuam o "traço autêntico" dos antigos mestres, posteriormente ampliando e modificando sua obra. Somente a ideia enfática dos originais irrepetíveis, intocáveis e únicos as degrada a meras falsificações. Essa prática particular de *criação continuada* só é concebível em uma cultura que está atravessada não por rupturas e descontinuidades, mas por continuidades e transformações silenciosas, não pelo ser e pela essência, mas pelo processo e pela mudança.

---

21   SHEN, F.; STUART, J. *Challenging the Past – The Paintings of Chang Dai-chien*. Washington, 1991, p. 37.

Xian Zhan: Selo do ócio

閑章

As estampas de selo nos antigos quadros chineses são essencialmente diferentes das assinaturas na pintura europeia. Elas não expressam primariamente a autoria que autenticaria a pintura e a tornaria inviolável. Antes, a maioria das estampas de selo vem dos especialistas ou colecionadores que se inscrevem nas imagens não apenas com seus selos, mas também com seus comentários. Aqui, a arte é uma prática comunicativa e interativa que também modifica constantemente a aparência de uma obra de arte. Os observadores subsequentes da imagem ajudam a lhe dar forma. Quanto mais conhecido é um quadro, mais ele está sujeito a mudanças. A história de uma coleção também tem um significado histórico-artístico na medida em que modifica a obra tanto física como esteticamente[22].

Na pintura chinesa, as estampas de selo pertencem à composição da imagem. Elas não

---

22 Cf. UNVERZAGT, C. *Der Wandlungsleib des Dong Yuan – Die Geschichte eines malerischen Oeuvres*. Stuttgart, 2007, p. 186: "A forma da obra, que se acumula com a história da coleção, mostra que o valor artístico de uma imagem tem um componente social. [...] Com a idade de uma imagem, cresce o poder das relações sociais que nela se manifestam".

formam, portanto, paratextos, mas pertencem ao próprio texto. As pinturas chinesas são projetadas desde o início tendo em vista as inscrições posteriores. Ao deixar as superfícies das pinturas vazias como espaços de comunicação, as pinturas virtualmente convidam os observadores a se inscreverem. Assim, o pintor chinês não utiliza o selo para marcar sua *presença* como subjetividade criadora. Antes, ele abre um campo de diálogo, marcando apenas um *traço* que deve ser continuado. Além dos selos de nome e local (名章), há também os chamados *selos do ócio* (閑章). Eles contêm belos aforismos com conteúdo poético ou moral. O Imperador Qianlong (乾隆, 1711-1799), amante da arte, teria possuído cerca de 1.000 selos, desde o pequeno de apenas 4mm com os caracteres *Fragrância Antiga* (古香) até o de mais de 20cm contendo um poema inteiro em louvor à virtude. Um selo que ele diz ter utilizado após sua entronização como imperador diz: "É difícil ser um governante" (爲君難).

De acordo com um belo costume entre os oficiais chineses, todos literatos[23], quando

---

23 Na prova da função pública, também deveriam ser escritos poemas sobre determinados tópicos. Huizong, imperador amante da arte da Dinastia Song, até mesmo introduziu a pintura como um tema do exame.

Selo de Jade de Qianlong: *O Mestre confia no céu*.

um amigo era transferido para outro lugar, era levado até um belo local paisagístico e ali celebrava-se sua despedida. Uma pintura de Wang Fu (1362-1416), intitulada *Adeus a um amigo em Feng-ch'eng*, mostra uma bela paisagem montanhosa com um pavilhão onde os amigos celebram a despedida. Cada um deles utiliza o selo para acrescentar um poema à imagem da paisagem. Pintar é, aqui, um ato social e coletivo. A poesia também é um acontecimento comunicativo no Extremo Oriente. Ela serve como uma reunião social. Deve, sobretudo, entreter e alegrar. Não se baseia, portanto, na paixão de uma alma solitária poética.

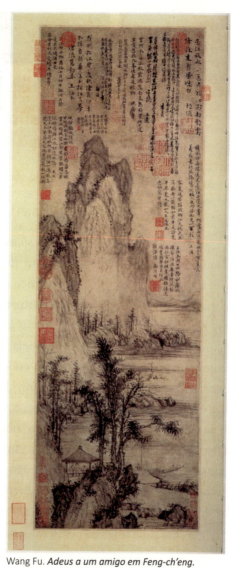

Wang Fu. *Adeus a um amigo em Feng-ch'eng.*

Arte como amizade[24]

客裡送君歸故鄉江天秋色正茫茫
扁舟一箇輕如葉半是詩囊半藥囊
九龍山人王孟端為彥如寫
并題

Mesmo que eu seja apenas um visitante neste lugar,
acompanharei meu amigo em seu caminho de volta para casa.
O céu outonal brilha sobre o rio, tornando-o repentinamente largo.
Um pequeno barco, leve como uma folha, aguarda na costa.
As bolsas de viagem estão cheias de poemas e ervas medicinais.

O eremita da Montanha dos Nove Dragões [Chiu-lung-shan], Wang Meng-tuan [Wang Fu], pintou este quadro para Yen Ju e adicionou uma inscrição.

吳江秋水送君龍江別[]
相期霜降
胡儼看鳳城月餘

No rio de Wu, já é outono sombrio.
Acompanho e me despeço de meu amigo no Rio Jiang.
Combinamos de nos reencontrar quando as primeiras geadas se instalarem.
Juntos queremos admirar a lua sobre Fengcheng.

Hu Yan

---

24 Segue-se a transcrição dos poemas inscritos no quadro de Wang Fu [N.T.].

汀洲杜蘅歇，南浦西風生。路指江南行，路指江南行。江南向何許，東望吳淞去。吳淞秋水多，渌遍芙蓉渚。渚外九龍山，山邊三泖灣。人家臨水住，日暮采菱還。采菱歌易斷，送子愁雲亂。愁來可奈何，思滿江南岸。江南不可思，勸子情依依。皇都春色早，遲子促來歸。

李至剛

Na ilhota do riacho descansam os nobres.

Uma brisa ocidental sopra no lugar do adeus.

A beleza golpeia as bordas do barco.

O caminho do viajante aponta para o sul do Rio Yangtze.

Para onde leva o caminho ao sul do Rio Yangtze?

O olhar é para Wusong, ao leste.

Há muitos rios ali, com uma névoa outonal.

A água é cristalina em todos os lugares, cercada por prados cobertos de peixes com folhas de amêndoas.

Além dos prados fica a Montanha dos Nove Dragões.

Na montanha se encontra a Baía de Sanmao.

Ali, as pessoas estão em casa, à beira-mar.

Ao anoitecer voltam da colheita das castanhas de água.

Elas cantam enquanto apanham as castanhas de água. A canção muitas vezes se rompe, mas retorna.

Sinto uma angústia indescritível ao dizer adeus ao meu amigo, até mesmo as nuvens estão perturbadas.

Quando o coração está triste, como pode novamente se alegrar?

Nas margens ao sul do Rio Yangtze a saudade está em toda parte.

Nesse instante, é preciso escondê-la.

Tenho que confortar meu amigo, cheio de dor me é difícil a separação.

Na capital, a primavera geralmente se anuncia mais cedo.

Que retorne depressa o amigo que demora a partir.

Li Zhigang

江上青山雲幾重
秋水連天三百里
片帆一夜到吳淞
畫船曉發鳳城東

王景

O barco graciosamente decorado parte amanhã cedo do leste de Fengcheng.
As verdes montanhas arborizadas se erguem acima do rio, incontáveis camadas de nuvens permeiam o céu.
A água do rio outonal e o céu se fundem em um todo ao longo de muitas centenas de metros.
O pequeno veleiro atracará em Wusong durante a noite.

Wang Jing

官河水落正秋霜
鴻雁南來熟稻梁
此日送君還舊隱
九峰佳處是鱸鄉

姚廣孝

Recuam as águas do Grande Canal e aproxima-se o frio de outono.
Uma mensagem chega da pátria ao sul, onde o arroz e o milhete amadurecem.
Neste dia, acompanho meu amigo até o antigo eremitério.
O melhor lugar entre os nove picos montanhosos é o lar do poleiro.

Yao Guangxiao

碧水芙蓉兩岸
長卿初自日邊開
故鄉耆舊遙相迴
影向孤村樹裡接
翰林老友王達來

O rio de cor verde se estende, e os lírios de amêndoa florescem em ambas as margens.

O ilustre retorna de longe pela primeira vez.

Da cidade natal, moradores e velhos amigos vêm cumprimentá-lo.

A aldeia é deixada deserta, há uma multidão por toda parte na floresta.

Wang Da, um velho amigo dos tempos da Academia Imperial

秋霜忽已凝
客行歸故鄉
仰瞻鴻雁戾
豈為謀稻梁
丈夫誓許國
溟渤當舟航
矧茲念桑梓
浹災勢懷襄
[ ]生復[ ][ ]
稽首師堅章
解縉

A geada de outono chegou subitamente.

O viajante parte para casa.

Um olhar para o céu é suficiente para admirar quão longe e alto os gansos-cisne podem voar.

Como podemos pensar apenas no pão diário (arroz e milhete)?

Um homem deveria jurar servir à pátria.

Ele deveria ir para o grande mar e realizar grandes feitos.

Isso me faz agora pensar em meu lar.

Lá há inundações, pessoas querem ajudar com todo o coração.

Não há outros desejos nesta vida.

Portanto, respeitarei os nobres e tomarei seu caráter e seus escritos como exemplo.

Xie Jin

我別松江幾度秋
渚花汀草不勝愁
京華送子松江去
夢落滄浪舊釣舟
王汝玉

Muitos outonos já se passaram desde que me despedi de Songjiang.

As flores e gramíneas no prado junto ao rio não conseguem aliviar a melancolia.

Da capital, acompanho meu amigo até Songjiang.

Em sonhos, estou novamente sentado no velho barco no rio de volta ao lar, pescando sozinho.

Wang Ruyu

吳江渺無極
蕭條十月初
片颿河上發
竟去不躊躇
由來君命重
非為愛鱸魚
楊士奇

O Rio Wu parece largo e sem fim.

No início do décimo mês ele se envolve em um estado de ânimo sombrio.

Um pequeno veleiro se afasta no rio.

Ele conduz, sem hesitar por um instante sequer.

Desde tempos imemoriais meu amigo tem tido um grande destino.

E ele não quer levar uma vida comum.

Yang Shiqi

楚天木葉落　夫容偏芳洲　送上江南舟　孤帆帶斜日　一長歌一杯酒　離情與江水　相逐共悠悠　一雁飛高秋　王洪

Na terra de Chu, as folhas caem das árvores.

Nas ilhas floridas ao longo do rio, os lírios de amêndoa florescem por toda parte.

Cantamos alto com uma taça de vinho.

Acompanharemos nosso amigo até o barco, que navega ao sul do Rio Yangtze.

O veleiro solitário espera à luz do sol poente.

Um ganso selvagem voa alto no céu do final de outono.

Os sentimentos de despedida se unem com a água do rio.

Ambos se sucedem tristemente um ao outro.

Wang Hong.

宦遊纔賦望江南紫蟹銀鱸入夢甘　想得到家吟樂處野橋籬落晚楓酣　鶴城楊斌

Longe de casa, servimos ao país, com talento e dom, mas o olhar está ao sul do Rio Yangtze.

Os grandes caranguejos gordos e o robalo prateado aparecem frequentemente em meus doces sonhos.

Pensamos na chegada ao lar, nos lugares para cantar e escrever poesias, Como a ponte abandonada, as cercas dos pátios, a maravilhosa folha de bordo vermelha ao sol da noite.

Yang Bin da cidade de Hecheng

積水渺無際送君還江上還九峰何處數
迢遞白雲間舊業菱荷老秋風鷗鷺閑
故人能問訊相見一開顏
王偰

As águas erguidas são amplas e infindáveis.

Acompanho meu amigo no rio até o lar.

Onde se pode ver as nove montanhas?

Elas se estendem acima das nuvens brancas.

As antigas castanhas de água e flores de lótus secaram.

As gaivotas e garças circulam para lá e para cá com o vento de outono.

Visitamos velhos amigos e os cumprimentamos.

Quando nos reunimos, ficamos muito felizes e rimos de muitas coisas.

Wang Cheng

三江五湖口此際水痕收　使節詢源委童時記釣游　拒霜紅繞岸禾[]罷稏綠連疇　晝錦榮殊甚歸承寵渥優　高得暘

Na foz dos três rios e cinco lagos, os restos de água desapareceram instantaneamente.

Alguém pergunta como vão as coisas.

A pesca e as cenas de brincadeiras da infância surgem na memória.

Ao longo das margens, as calêndulas de amêndoa vermelha florescem em todos os lugares.

Os campos cheios de grãos verdes se alargam por um vasto campo.

Através do estudo se alcança o prestígio e a prosperidade, a fama é enorme.

O retorno traz o favor especial e a graça do imperador.

Gao Deyi

As estampas de selo nas pinturas chinesas não *selam* nada. Antes, elas *abrem* um espaço comunicativo. Não dotam a imagem de uma presença autoral, autoritativa. Nisso, elas diferem significativamente das assinaturas na pintura europeia[25]. Estas, como selos do *finito*, selam a *obra*, proibindo intervenções. Em con-

---

25 Na Europa, as assinaturas no interior das imagens só começaram a ser utilizadas a partir do século XVI.

traste com os selos chineses, que são inclusivos e comunicativos, as assinaturas europeias possuem um efeito exclusivo e executivo.

A pintura de Van Eyck, *O Casal Arnolfini*, encarna a *imagem da presença*, que é diametralmente oposta à *imagem chinesa da ausência*. A assinatura "Johann de Eyck fuit hic" (Johann van Eyck esteve aqui, ou Johann van Eyck foi quem pintou isto) no meio do quadro insere a presença do pintor no centro da obra. A simultaneidade deliberadamente encenada de autoria e testemunho[26] aprofunda e condensa sua presença. A assinatura fornece ao quadro o caráter de um documento inalterável e definitivo. A data 1434 abaixo da assinatura *fixa* temporalmente a imagem. Qualquer alteração seria equivalente a uma falsificação da *verdade*. O *hic* como pronome demonstrativo cria mais ainda uma estrutura referencial que enfatiza especificamente a autoria, da qual o nome por si só não seria capaz. É explicitamente indicado que a pessoa cujo nome está assinado é também a criadora da obra de arte.

---

26 A imagem aparentemente apresenta uma cena de noivado.

Abaixo da assinatura há um espelho convexo. Seu raio de reflexão se estende para além da moldura da imagem principal. Isso cria a impressão de que o espelho reflete a realidade, cujas partes a imagem retrata mimeticamente. Assim, o próprio quadro se apresenta como um espelho do mundo. Duas outras pessoas que presenciam a cena do noivado podem ser vistas no espelho da imagem. A assinatura "Johann van Eyck fuit hic" imediatamente acima do espelho sugere que Van Eyck é um dos espectadores. Assim, o pintor está presente não apenas na assinatura, mas também como uma imagem na imagem. O espelho é o lugar da autorreflexão do pintor e da pintura. As múltiplas inscrições autorais o destacam especificamente como o criador da imagem.

Além disso, o espelho convexo age como um olho devido à sua forma redonda e ao reflexo da luz lateral. Os medalhões com cenas da Paixão emoldurando o espelho e a forma de cruz da janela nele refletida estabelecem claramente a relação entre o espelho e o olho de Cristo. O olhar divino, que coincide no centro da pintura com a presença bíblico-figural do

Jan van Eyck. *O Casal Arnolfini.*

pintor, aprofunda a estrutura da subjetividade. Normalmente, a Paixão de Cristo é vista como um espelho da alma. Assim, a justaposição da representação da Paixão e do espelho real *anima* o quadro. O verdadeiro cenário da imagem é, portanto, a *alma*.

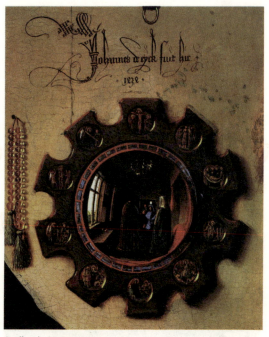

O *olho de Deus*.

As imagens chinesas da ausência, por outro lado, *não possuem alma*. Nem a autoria nem o testemunho as prendem à identidade. Além disso, devido à sua a-perspectividade e a-subjetividade, elas *não possuem olhar*. Em *Infância em Berlim por volta de 1900*, Walter Benjamin conta uma anedota que também pode ser encontrada em um tratado chinês sobre pintura: "A história provém da China e fala de um pintor idoso que permitiu aos amigos admirarem sua tela mais recente. Nela estava representado um parque, um caminho estreito que seguia ao longo da água e através de umas folhagens que terminava em frente de uma pequena porta que, no fundo, dava acesso a uma casinha. Eis que, quando os amigos procuraram o pintor, este já se fora, tendo penetrado no próprio quadro. Ali percorreu o caminho estreito até a porta, deteve-se calmamente diante dela, virou-se, sorriu e desapareceu pela fresta. Assim também, com minhas tigelas e meus pincéis, subitamente me transportava para dentro do quadro. Assemelhava-me à porcelana na qual fazia minha entrada com uma nuvem de cores"[27]. Aqui, a experiência primária com relação ao quadro não é a ideia da *representação* que emana de um sujeito, mas uma *distorção* mimética no quadro, nomeadamente um esvaziamento contemplativo do sujeito. O espectador *se* esvazia, adentra

---

27 BENJAMIN, W. *Rua de mão única*. São Paulo: Brasiliense, 1987, p. 101 [Obras Escolhidas, 2].

de modo des-subjetivado na imagem que, por sua vez, é capaz de se abrir porque não é animada nem habitada por ninguém na medida em que é uma imagem da ausência.

Fuzhi: Cópia

複製

Quando se soube que os guerreiros de terracota vindos da China eram cópias, o Museu de Etnologia de Hamburgo decidiu encerrar completamente a exposição. O diretor do museu, que obviamente agiu como um defensor da verdade e da autenticidade, anunciou na ocasião: "Chegamos à conclusão de que não há outra opção a não ser encerrar a exposição por completo, a fim de preservar a boa reputação do museu". O museu chegou a oferecer o reembolso dos valores da entrada a todos os visitantes da exposição.

Desde o início da escavação, a produção de réplicas dos guerreiros de terracota foi levada a cabo de modo paralelo. Uma oficina de reprodução foi conectada diretamente ao local da escavação. Ela não produziu, contudo, "falsificações". É preferível dizer que os chineses tentaram, por assim dizer, *retomar* a produção, que nunca fora uma criação, mas desde o início já uma reprodução. Os próprios originais provinham de uma produção em série e em massa com módulos e componentes móveis[28] – produção que provavelmente poderia prosseguir se a tecnologia de produção original estivesse disponível.

Os chineses possuem dois conceitos distintos para cópia. *Fangzhipin* (仿製品) são reproduções em que a diferença com relação ao original é óbvia. São pequenos modelos ou cópias que se pode adquirir, por exemplo, na loja do museu. O segundo conceito para cópia é *fuzhipin* (複製品). Aqui, trata-se de uma reprodução exata que, para os chineses, é equivalente ao original. Não há, nesse caso, qualquer conotação negativa. A divergência com relação ao sentido do conceito de cópia tem frequentemente conduzido a mal-entendidos e controvérsias entre a China e os museus ocidentais. Quando lhes são encomendadas obras, os chineses frequentemente enviam cópias em vez de originais, firmemente convencidos de que elas não são essencialmente dife-

---

28 "Componentes móveis" traduz *Versatzstücken*. Trata-se de um termo empregado em sentido figurado para designar partes de uma obra que são retrabalhadas em uma nova obra [N.T.].

rentes dos originais. A recusa que então surge por parte dos museus ocidentais é tida pelos chineses como uma ofensa.

Apesar da globalização, o Extremo Oriente ainda parece ser a fonte de muitas surpresas e irritações que poderiam liberar energias desconstrutivas. Também a ideia de identidade do Extremo Oriente é muito irritante para o observador ocidental. Para os japoneses, o famoso Santuário Ise, o supremo santuário sagrado do Japão xintoísta ao qual milhões de japoneses fazem uma peregrinação a cada ano, possui 1.300 anos de idade. Mas, na verdade, este complexo temático é completamente reconstruído a cada 20 anos. Essa prática religiosa é tão estranha aos historiadores da arte ocidentais que a Unesco, depois de acalorados debates, retirou este templo xintoísta da lista dos patrimônios da humanidade. Para os especialistas da Unesco, o santuário possui no máximo 20 anos. O que é original e o que é cópia nesse caso? Aqui há uma inversão total da relação entre o original e a cópia. Ou a diferença entre o original e a cópia é completamente apagada. Essa diferença é substituída pela diferença entre o antigo e o novo. Também se poderia dizer que a cópia é mais original do que o original ou que a cópia está mais próxima do original do que o original, porque quanto mais velho um edifício fica, mais ele se afasta do seu estado originário. De certo modo, uma reprodução devolveria o seu "estado original", especialmente porque não está vinculada a um sujeito artístico.

Não apenas o edifício, mas também todos os tesouros do templo são completamente renovados. Há sempre dois conjuntos idênticos de tesouros no templo. Nesse caso, a questão do original e da cópia nunca é colocada. São duas cópias que são, ao mesmo tempo, dois originais. Depois que um novo conjunto é feito, o antigo é destruído. As partes combustíveis são queimadas e as partes metálicas são enterradas. Depois da última renovação, contudo, os tesouros não foram destruídos, mas foram expostos em um museu. Foram resgatados graças a seu crescente valor expositivo. Sua destruição, no entanto, faz parte do seu próprio valor de culto, que aparentemente está desaparecendo cada vez mais em favor do valor expositivo de museu.

O antigo santuário.

Recentemente clonado.

No Ocidente, quando monumentos antigos são restaurados, frequentemente os traços antigos são destacados de modo especial. Os originais são tratados como relíquias. O Extremo Oriente desconhece este culto do original. Lá se desenvolveu uma técnica de preservação completamente diferente que seria mais eficaz do que a conservação ou a restauração. Ela

73

Qual é o original e qual é a cópia?

Um dos tesouros do templo: além do original e da cópia.

consiste na reconstrução constante. Essa técnica elimina completamente a diferença entre o original e a réplica. Também se poderia dizer que os originais são preservados através de cópias. A natureza serve de modelo. O organismo também se renova através de uma constante troca de células. Depois de um certo tempo, ele tem uma reprodução de si mesmo. As células antigas são simplesmente substituídas por um novo material celular. Aqui, a questão do original não é colocada. O velho morre e é substituído pelo novo. A identidade e a renovação não são mutuamente excludentes. Em uma cultura em que a reprodução constante é uma técnica de preservação e conservação, as réplicas são tudo menos meras cópias.

A Catedral de Friburgo é envolta de andaimes durante a maior parte do ano. O arenito do qual ela é feita é um material muito macio e poroso, que não suporta a erosão natural causada pela chuva e pelo vento. Depois de algum tempo, desmorona. Por isso, a catedral é constantemente inspecionada para detectar danos e as pedras erodidas são substituídas. Cópias de figuras de arenito danificadas são continuamente produzidas na oficina de construção da catedral. Procura-se preservar ao máximo as pedras que foram instaladas na Idade Média. Mas em algum momento elas também serão removidas e substituídas por novas pedras. Basicamente, realiza-se a mesma prática que os japoneses. A única diferença é que a produção de uma réplica é um tanto lenta e consome bastante tempo. No fim, contudo, o resultado é exatamente o mesmo. Depois de um determinado tempo, tem-se de fato uma reprodução, embora se imagine ter um original diante de si. Mas o que haverá de original na catedral quando a última pedra antiga for substituída por uma nova?

O original é algo imaginário. Em princípio, é possível construir uma cópia exata, ou seja, um *fuzhipin*, da Catedral de Friburgo em um dos numerosos parques temáticos chineses. Teríamos, então, uma cópia ou um original? O que faria dele uma simples cópia? O que distingue a Catedral de Friburgo como algo original? Em termos de material, seu *fuzhipin* na verdade não diferiria em nada do original, que já não conserva mais nenhuma parte original. Seria, no máximo, o local e o valor de culto vinculado à prática de adoração religiosa que distinguiria a Catedral de Friburgo de sua *fuzhipin* em um parque temático chinês. Mas se seu valor cultural desaparecesse completamente em favor de seu valor de exposição, a diferença para seu duplo também desapareceria.

No campo da arte, a ideia de um original inviolável também surgiu historicamente no mundo ocidental. Ainda no século XVII, as obras de arte da Antiguidade encontradas em escavações eram tratadas de maneira bem diferente do que hoje. Elas não eram restauradas de acordo com o original. Antes, interfere-se massivamente nelas, modificando sua aparência. Por exemplo, Gian Lorenzo Bernini (1598-1680) adaptou a famosa estátua de Marte, *Ares Ludovisi*, que era ela própria uma cópia romana do original grego, adicionando-lhe arbitrariamente um punho de espada. Durante a vida de Bernini, o Coliseu também servia como uma marmoraria. Seus muros foram simplesmente demolidos e utilizados para novas construções. A conservação de monumentos históricos no sentido moderno começa com a musealização do passado, no qual o *valor de culto* cede cada vez mais espaço ao *valor de exposição*. Curiosamente, isso anda de mãos dadas com o surgimento do turismo.

O chamado *Grand Tour*, que teve início na Renascença e atingiu seu auge no século XVIII, é um precursor do turismo moderno. Tendo em vista os turistas, o valor de exposição das construções e obras de arte antigas aumenta, e estas são apresentadas como pontos turísticos. É precisamente neste século do turismo incipiente que as primeiras medidas foram tomadas para preservar as construções antigas. Agora se considera necessário preservar antigas construções. O início da industrialização aumentou ainda mais a exigência de conservação e musealização do passado. O surgimento da história da arte e da arqueologia também descobriu o *valor de conhecimento* de construções e obras de arte antigas, rejeitando qualquer intervenção modificadora nelas.

Uma fixação prévia, primordial, é estranha à cultura do Extremo Oriente. É provavelmente essa atitude que justamente explica por que os asiáticos possuem muito menos escrúpulos com respeito à clonagem do que os europeus. O pesquisador coreano de clonagem Hwang Woo-suk, que atraiu atenção mundial em 2004 com seus experimentos, era budista.

78

Ele encontrou muito apoio e seguidores entre os budistas, enquanto os cristãos insistiam na proibição da clonagem humana. Hwang legitimou os experimentos com clonagem a partir de sua afiliação religiosa: "Eu sou budista e não tenho nenhum problema filosófico com a clonagem. E, como vocês sabem, a base do budismo é que a vida é reciclada através da reencarnação. De certa forma, penso eu, a clonagem terapêutica reinicia o círculo da vida"[29]. Também para o Santuário Ise a técnica de preservação consiste em deixar o ciclo da vida ter início sempre de novo, preservando a vida não *contra* a morte, mas *através e além da morte*. A própria morte está embutida no sistema de conservação. Assim sendo, o *ser* cede lugar ao processo cíclico que inclui a morte e a decadência. No ciclo interminável da vida não há mais nada único, originário, singular ou final. Existem apenas repetições e reproduções. Na representação budista do ciclo eterno da vida, a des-criação toma o lugar da criação.

---

29 Cf. HAN, B.-C. Das Klonen und der Ferne Osten. *Lettre International* (64.2004), p. 108-109.

A iteração e não a criação, a recorrência e não a revolução, os módulos e não os arquétipos determinam a técnica chinesa de produção.

Como é bem sabido, os exércitos de terracota também são feitos de módulos ou componentes móveis. A produção em módulos não é compatível com a ideia do original, pois desde o início há componentes móveis. O princípio norteador da produção modular não é a ideia da originalidade ou singularidade, mas a *reprodutibilidade*. Seu objetivo não é a produção de um objeto único e original, mas a produção em massa que permite, todavia, variações e modulações. Ela modula o idêntico e assim cria diferenças. A produção modular é modulante e variante. Dessa forma, permite uma grande variedade. No entanto, ela erradica a singularidade para aumentar a eficiência da reprodução. Não é por acaso que a invenção da imprensa tenha se dado na China. A pintura chinesa emprega a técnica modular. O famoso tratado chinês sobre pintura, *Manual do Jardim de Sementes de Mostarda*, contém uma série infinita de partes móveis a partir das quais se poderia compor e montar um quadro.

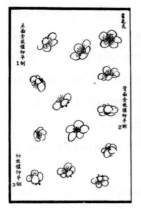 

Do *Manual do Jardim de Sementes de Mostarda*.

Em vista desse tipo modular de produção, coloca-se novamente a questão da criatividade. Combinar e variar ganham mais relevância. Nesse sentido, a técnica cultural chinesa se comporta como a natureza: "Os artistas chineses [...] nunca perdem de vista que produzir obras em grande número também exemplifica a criatividade. Eles acreditam que, assim como na natureza, sempre haverá algumas entre as dez mil coisas das quais emerge a mudança"[30]. A arte chinesa tem uma relação funcional

---

30 LEDDEROSE, L. *Ten Thousand Things – Module and Mass Production in Chinese Art*. Princeton, 2000, p. 7.

com a natureza, e não mimética. Não se trata de figurar a natureza da maneira mais realista possível, mas de operar exatamente *como a natureza*. A natureza também produz variações sucessivas de algo novo, obviamente sem qualquer "gênio": "Pintores como Zheng Xie se esforçam para imitar a natureza em dois aspectos. Eles produzem grandes quantidades, quase ilimitadas, de obras, e são capazes disso por meio de sistemas de módulos de composições, desenhos e pinceladas. Mas eles também imbuem cada obra com sua própria forma única e inimitável, assim como faz a natureza em sua prodigiosa invenção de formas. Uma vida inteira dedicada ao treinamento de suas sensibilidades estéticas permite que o artista se aproxime do poder da natureza"[31].

---

31 Op. cit., p. 213.

Shanzhai: *Fake*

山寨

Shanzhai (山寨) é o neologismo chinês para *fake*. Agora também há expressões como shanzhaísmo (山寨主義), a cultura shanzhai (山寨文化) ou o espírito de shanzhai (山寨精神). Na China, shanzhai compreende todas as áreas da vida. Há livros shanzhai, prêmios Nobel shanzhai, filmes shanzhai, políticos shanzhai ou celebridades shanzhai. Inicialmente, o termo se referia a telefones celulares. Os telefones celulares shanzhai são falsificações de produtos de marca, como Nokia® ou Samsung®. Eles são vendidos sob nomes como Nokir, Samsing ou Anycat. Na verdade, eles são mais que meras falsificações baratas. No que diz respeito ao *design* e função, não são em nada inferiores ao original. As modificações técnicas ou estéticas lhes fornecem sua própria identidade. São multifuncionais e estão na moda. Acima de tudo, os produtos shanzhai são caracterizados por um grau muito alto de flexibilidade. Isto lhes permite adaptar-se muito rapidamente às necessidades e situações específicas, o que não é possível para uma grande empresa em função dos processos de produção a longo prazo. O shanzhai aproveita ao máximo o potencial da situação. Somente por esta razão se trata de um fenômeno genuinamente chinês.

Falso ou original?

A engenhosidade dos produtos shanzhai não raro é superior à dos originais. Há, por exemplo, um telefone celular shanzhai com a função adicional de detectar dinheiro falsificado. Isto o converte em um original. A novidade aqui advém de variações e combinações surpreendentes. O shanzhai ilustra um tipo especial de criatividade. Seus produtos se desviam sucessivamente do original até se transformarem eles mesmos em um original. As marcas são continuamente modificadas.

Quem é quem?

Seria considerada uma falsificação no produto quando crescem asas nas pessoas, a Puma® aprende a fumar, ou a Apple® se transmuta em formas incríveis?

Adidas se torna Adidos, Adadas, Adadis, Adis, Dasida etc. Realiza-se um verdadeiro jogo dadaísta com essas marcas, o que não só coloca em movimento a criatividade, mas também tem um efeito paródico ou subversivo frente às posições econômicas de poder e monopólio. Aqui, a subversão e a criação se conectam.

A palavra shanzhai significa, originariamente, "fortaleza da montanha". No famoso romance *Margem da água* (*shui hu zhuan*, 水滸傳), é dito que na Dinastia Song os rebeldes (camponeses, funcionários, comerciantes, pescadores, oficiais e monges) se escondem atrás de uma fortaleza da montanha e lutam contra o regime corrupto. Este contexto literário já oferece uma dimensão subversiva ao shanzhai. Mesmo exemplos de shanzhai na Internet, que parodiam a mídia estatal controlada pelo Partido, são interpretados como atos subversivos contra o monopólio de opinião e representação. Isto é expressão da esperança de que o movimento shanzhai desconstrua o poder da autoridade estatal no nível político e libere energias democráticas. No entanto, se se reduz o shanzhai a seu lado anárquico-subversivo, perde-se de vista seu potencial lúdico-criativo. Não é o conteúdo rebelde, mas precisamente a forma de produção e gênese do romance *Margem da água* que o aproxima de shanzhai. Para começar, a autoria do romance é bastante obscura. Presume-se que as histórias que formam o núcleo do romance foram compostas por vários autores. Além disso, existem versões diferentes do romance. Uma versão compreende 70 capítulos; outras, 100, ou mesmo 120 capítulos. Na China, os produtos culturais muitas vezes não estão ligados à autoria individual. Frequentemente possuem origem coletiva em vez de possuírem a forma da expressão de um indivíduo genial e criativo. Não podem ser claramente atribuídos a um artista-sujeito que se apresentaria como seu proprietário ou mesmo como seu criador. Outros clássicos como *O sonho da câmara vermelha* (*hong lou meng*, 紅樓夢), ou o *Romance dos três reinos* (*san guo yan yi*, 三國演義), têm sido reescritos repetidas vezes. Existem diferentes versões deles por diferentes autores, com ou sem um *happy end*.

Um processo semelhante pode ser observado na cena literária atual da China. Se um romance se torna muito bem-sucedido, então prontamente surgem *fakes*. Nem sempre são imitações inferiores que simulam uma proximidade inexistente com o original. Além da óbvia utilização ilícita de um nome, há também *fakes* que transformam o original, inserindo-o em um novo contexto ou dando-lhe uma reviravolta surpreendente. Sua criatividade está baseada na transformação e variação ativas. Até mesmo o sucesso de Harry Potter colocou essa dinâmica em movimento. Existem hoje numerosas falsificações de Harry Potter que continuam o original de modo transformador. *Harry Potter e a boneca de porcelana*, por exemplo, empreende uma sinização da história. Junto com seus amigos chineses Long Long e Xing Xing, Harry Potter derrota seu adversário oriental Yandomort, o homólogo chinês de Voldemort, na montanha sagrada de Monte Tai. Harry Potter fala chinês fluentemente, mas tem dificuldade para comer com hashi etc.

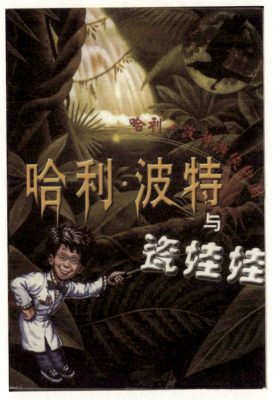

Zhang Bin. *Harry Potter e a boneca de porcelana.*

Os produtos shanzhai não pretendem enganar de modo deliberado. Afinal de contas, sua atratividade reside justamente em que eles indicam de modo claro que não são um original, mas que *jogam* com ele. A ludicidade inerente ao shanzhai enquanto *fake* gera energias desconstrutivas. O *design* da marca shanzhai possui também características humorísticas. No telefone celular shanzhai iPhcne, o *design* faz parecer que a marca original do iPhone® está um pouco desgastada. Os produtos shanzhai frequentemente possuem um charme próprio. Sua criatividade, que não pode ser negada, não é determinada pela descontinuidade e brusquidão da criação do novo que *rompe* totalmente com o antigo, mas pelo desejo *lúdico* de mudar, variar, combinar e transformar.

A história da arte chinesa também é dominada pelo processo e transformação. Aquelas recriações ou criações continuadas que modificam constantemente a obra de um mestre e a adaptam às novas circunstâncias nada mais são que produtos shanzhai magistrais. A transformação continuada está se estabelecendo na China como um método de criação e criatividade[32]. O movimento shanzhai

---

32 A criatividade subjacente ao movimento shanzhai pressupõe uma adaptação ativa, uma combinação lúdica. Esta forma de criatividade não pode ser expressa no asiatismo banal compreendido como "não fazer" ou contemplação. Em seu tratado sobre criatividade, Hans Lenk também não vai além desses asiatismos: "No taoismo, por exemplo, se

desconstrói a ideia de criação como *creatio ex nihilo*. Shanzhai é *des-criação*. Frente à identidade, reivindica a diferença transformadora, o *diferir* ativo, ativista; frente ao ser, o processo; frente à essência, o caminho. Shanzhai manifesta, assim, o genuíno espírito chinês.

A natureza, embora não tenha nenhum gênio criativo, é, na verdade, mais criativa do que o ser humano mais genial. Afinal, os produtos de alta tecnologia são frequentemente shanzhai de produtos naturais. A criatividade da natureza se deve a um processo contínuo de

---

pensarmos no *Dao De Ching* de Lao Zi, a não ação, o 'wu--wei', desempenha um papel muito decisivo. O pensamento criativo não tem lugar como algo forçado ou coagido, não ocorre quando se quer produzi-lo ou mesmo forçá-lo, mas é necessário se sintonizar, deixando-o ocorrer. 'Wu-chi' significa 'nenhum saber'. Assim, significa que não se força a ativação do saber, mas se mantém, por assim dizer, um estado de compreensão aberto, primitivo e ingênuo. 'Wu-yü' é então a não cobiça, o que significa: sem desejos, sem interesses, sem paixão, 'prazer desinteressado' no sentido da estética de Kant, ou abertura e tolerância desinteressadas. Esse tipo passivo de meditação sem ação, sem saber, sem paixões, é a ideia subjacente à criatividade na meditação taoísta. Deixar as coisas acontecerem é considerado a mãe da criatividade". Cf. LENK, H. *Kreative Aufstiege – Zur Philosophie und Psychologie der Kreativität.* Frankfurt a. M., 2000, p. 108ss.

variação, combinação e mutação. A evolução também segue o modelo da constante transformação e adaptação. A criatividade inerente a shanzhai escapa ao Ocidente na medida em que ali se enxerga apenas fraude, plágio e violação da propriedade intelectual.

Shanzhai opera com uma hibridização intensiva. O próprio maoismo chinês foi uma espécie de marxismo shanzhai. Diante da ausência de uma classe trabalhadora e de um proletariado industrial na China, empreendeu-se uma transformação da doutrina marxista originária. Em sua capacidade híbrida, o comunismo chinês está agora se apropriando do turbo-capitalismo. Os chineses obviamente não enxergam o capitalismo como uma contradição ao marxismo. Na verdade, a *contradição* não é uma categoria do pensamento chinês. O pensamento chinês é mais inclinado ao tanto-quanto do que ao um-ou-outro. O comunismo chinês parece ser tão versátil quanto a obra de um grande mestre que está aberta à constante transformação. Ele se apresenta como um corpo híbrido. O traço antiessencialista do processo de pensamento chinês não permite qualquer fixação ideológica. Daí que fosse possível prever na China formas *híbridas* *e shanzhai* surpreendentes também na esfera política. O sistema político na China atual já mostra fortes características híbridas. Com o tempo, o comunismo chinês shanzhai pode se *transmutar* em uma forma política que poderia muito bem ser chamada de *democracia shanzhai*, especialmente porque o movimento shanzhai libera energias antiautoritárias e subversivas.

Lista das ilustrações

[1], p. 26
Ni Zan (倪瓚) (1301/1306-1374). *Moradia de água e bambu* (水竹居图). Tinta sobre papel, 28,2 x 53,5cm. Pequim: Museu Nacional da China.

[2], p. 32, acima
Édouard Manet. *Olympia*, 1863. Óleo sobre tela, 130,5 x 190cm. Paris: Musée d'Orsay.

[3], p. 32, abaixo
Paul Gauguin. *Olympia*, 1891. Óleo sobre tela, 89 x 130cm. Coleção privada.

[4], p. 33, acima à esquerda
Utagawa Hiroshige (歌川広重). *Jardim de ameixas em Kameido* (亀戸梅屋舗), 1857, xilogravura / tinta sobre papel, 33,9 x 22,6cm.

Folha 30 da série Cem Vistas de Edo (名所江戸百景), 1856-1858.

[5], p. 33, acima à direita
Vincent van Gogh. *Ameixeira em flor (segundo Hiroshige)*, 1887, óleo sobre tela, 55 x 46cm. Amsterdã: Museu Van Gogh.

[6], p. 33, abaixo à esquerda
Utagawa Hiroshige (歌川広重). *Rajada de chuva noturna na grande ponte próximo a Atake* (大はしあたけの夕立), 1857, xilogravura / tinta sobre papel, 33,9 x 22,6cm. Folha 58 (52) da série Cem Vistas de Edo (名所江戸百景), 1856-1858.

[7], p. 33, abaixo à direita
Vincent van Gogh. *Ponte sob a chuva (de Hiroshige) (De brug in de regen)*, 1887, óleo sobre tela, 73 x54 cm. Amsterdã: Museu Van Gogh.

[8], p. 34
Eugène Delacroix. *Medeia prestes a matar seus filhos (Médée furieuse)*, 1838, óleo sobre tela, 165 x 76cm. Lille: Musée des Beaux-Arts.

[9], p. 35
Paul Cézanne. *Medeia (segundo Delacroix) (Médée d'après Dela croix)*, 1879-1882, aquarela, 38 x 20cm. Zurique: Museu das Belas Artes.

[10], p. 38
Han van Meegeren. *A ceia em Emaús (De Emmaüsgangers)*, 1937, óleo sobre tela, 118 x 130,5cm. Roterdã: Museu Boijmans van Beuningen.

[11], p. 40
Han van Meegeren. *Cristo e a adúltera (Christus en de Overspelige Vrouw)*, 1941/1942, óleo sobre tela, 96 x 88cm. Amsterdã: Institut Collectie Nederland.

[12], p. 41
O diretor do que mais tarde se tornaria o Museu Boijmans van Beuningen, Dirk Hannema (direita), e o restaurador Hendrik Luitwieler (esquerda), em frente a *A ceia em Emaús (De Emmaüsgangers)*, de Van Meegeren, 1938. Foto: Frequin.

[13], p. 42

Han van Meegeren pintando seu último Vermeer: *Jesus entre os doutores*, 1947.

[14-15], p. 51

Selo de Jade do Imperador Qianlong (inscrição: "O Mestre confia no céu"), século XVIII, 10,6 x 10,6 x 8,8cm. Propriedade privada. Fotos: Chassaing-Marambat.

[16], p. 52

Wang Fu (王紱) (1362-1416). *Adeus a um amigo em Feng-ch'eng* (明王紱畫鳳城餞詠). Dinastia Ming (1368-1644), pergaminho suspenso, tinta nanquim sobre papel, 91,4 x 31cm/55,1cm. Taipei: Museu do Palácio Nacional, p. 48. Die Aufschrift des Malers. *Schätze der Himmelssöhne*. Ostfildern-Ruit: Kunst und Ausstellungshalle der Bundesrepublik Deutschland, 2003, p. 260. As inscrições dos amigos foram traduzidas para o alemão por Zhan'ao Yang para este volume.

[17-18], p. 63-64

[17] Jan van Eyck. *O Casal Arnolfini (Portret van Giovanni Arnolfini en zijn vrouw)*, 1434,

óleo sobre madeira, 82 x 59cm. Londres: National Gallery. • [18] *O "olho de Deus"* (detalhe).

[19-22], p. 73-74

[19], p. 73 acima: Imagens do Santuário de Ise. • [20], p. 73 abaixo: Vista aérea do interior de Naiku e do terreno baldio em frente. Naiku refere-se a todo o terreno do Santuário de Ise com todas as construções nele existentes, sagradas e profanas. A área interna de Naiku é o lugar mais sagrado do santuário e é cercada por quatro cercas de madeira. • [21], p. 74 acima: Vista aérea do interior do Naiku após a conclusão da nova e idêntica estrutura no terreno baldio à frente. Construção antiga e nova, de frente uma para a outra, outubro de 1993 • [22], p. 74 abaixo: O cavalo Tsurubuchige-no-oneriuma, um dos tesouros do templo. Fotos: Jingu Shicho [19-21], Svend M. Hvaas [22]. Todas as imagens de HVAAS, S.M. *ISE –Japan's Ise Shrines: Ancient yet New*. Copenhague, 1999.

[23-24], p. 81

[23], à esquerda: livros VIII, XXII, XI [Modèles pour peindre les fleurs]. • 81, [24], à direita;

livros IV, I, XXVIII [Modèles de figures dans le paysage], de *Manual do Jardim de Sementes de Mostarda* (*Jièzǐyuán huàzhuàn*, 芥子園畫傳), compilado por Wang Gai (王概) e Li Liu-fang (李流芳) [1679]. Ilustração da edição francesa PATRUCCI, R. (ed.). *Les Enseignements de la peinture du Jardin grand comme un Grain de Moutarde – Encyclopédie de la peinture chinoise*. Paris, 1910.

[25], p. 86 à esquerda
Telefone celular Obama®, fabricado na China, oferecido para venda no Quênia.

[26], p. 86 à direita
iOrgane®, réplica chinesa do iPhone®.

[27-32], p. 87
Ícones distorcidos e logomarcas fabricadas, 2010. Fotos: Nicolas Stubbenhagen.

[33], p. 91
Zhang Bin (张斌). *Harry Potter e a boneca de porcelana – As aventuras de Harry Potter na China* (哈利波特与瓷娃娃, 哈利波特游侠中国). Pequim, 2002, capa da frente.

Livros de **Byung-Chul Han** publicados pela
Editora Vozes

Sociedade do cansaço
Agonia do eros
Sociedade da transparência
Topologia da violência
O que é poder?
No enxame – Perspectivas do digital
A salvação do belo
Bom entretenimento – Uma desconstrução da
história da paixão ocidental
Hiperculturalidade – Cultura e globalização
Filosofia do zen-budismo
Morte e alteridade
Favor fechar os olhos – Em busca de um
outro tempo
Sociedade paliativa – A dor hoje
Capitalismo e impulso de morte – Ensaios e
entrevistas
O desaparecimento dos rituais – Uma
topologia do presente
Louvor à Terra – Uma viagem ao jardim
A expulsão do outro – Sociedade, percepção e
comunicação hoje
Hegel e o poder – Um ensaio sobre a
amabilidade
Infocracia – Digitalização e a crise da
democracia
Não-coisas – Reviravoltas do mundo da vida
Shanzhai 山寨 – Desconstrução em chinês
Vita contemplativa – Ou sobre a inatividade
A crise da narração
O coração de Heidegger – Sobre o conceito de
tonalidade afetiva em Martin Heidegger

Conecte-se conosco:

f facebook.com/editoravozes

[O] @editoravozes

🐦 @editora_vozes

▶ youtube.com/editoravozes

🗨 +55 24 2233-9033

---

www.vozes.com.br

Conheça nossas lojas:

www.livrariavozes.com.br

Belo Horizonte – Brasília – Campinas – Cuiabá – Curitiba
Fortaleza – Juiz de Fora – Petrópolis – Recife – São Paulo

EDITORA VOZES LTDA.
Rua Frei Luís, 100 – Centro – Cep 25689-900 – Petrópolis, RJ
Tel.: (24) 2233-9000 – E-mail: vendas@vozes.com.br